HE VINGUT / HE VENIDO

Pasqual Mas

COLECCIÓN ITES

HE VINGUT / HE VENIDO

© Pasqual Mas Usó
© Foto del autor: Lola Torres
© de esta edición: Olé Libros, 2025

ISBN: 979-13-87620-62-2
Depósito legal: V-1789-2025
Impreso en España

KALOSINI, S. L.
Grupo editorial olélibros
equipo@olelibros.com
www.olelibros.com

A Joan Mas Crespo,
que també ha vingut

He venido para ver.
LUIS CERNUDA, *LOS PLACERES PROHIBIDOS*

fugida cap endavant

huida hacia adelante

KAIRÓS / ΚΑΙΡΟΣ

és el moment adequat de cremar les naus
de cercar una altra àgora en la qual engegar els vents
d'estendre les veles que són braços
cap a altres continents
cap a altres veus més sàvies que les dels tertulians que ofeguen els mitjans
per no parlar del merder de les xarxes amb imbècils que són reis

fuig

que no et cremen endogalant-te al ramat
que no et colguen sota la pluja de misèria que rebleix els parlaments
que no et pengen de l'alta picota del fanatisme

fuig

kairós / καιρός
és el moment oportú

el camí és una promesa amb les ales del futur

KAIRÓS / ΚΑΙΡΌΣ

es el momento idóneo para quemar las naves
para buscar otra ágora en la que encender los vientos
de tender las velas que son brazos
hacia otros continentes
hacia otras voces más sabias que las de los tertulianos que ahogan los medios
por no hablar del estercolero de las redes con imbéciles que son reyes

huye

que no te quemen argollándote al rebaño
que no te hundan bajo la lluvia de miseria que atiborra los parlamentos
que no te cuelguen de la alta picota del fanatismo

huye

kairós / καιρός
es el momento oportuno

el camino es una promesa con alas de futuro

CAMES AJUDEU-ME

les venes obertes de l'endemà
ragen com la colada al roig roent
tot inundant la planícia en va
i tornant en pedra els somnis del vent

¿on és l'oli promès on és el pa
del futur l'aigua clara i l'aliment
que el tall de la dalla trau de la mà
mentre fa estàtua l'alè del jovent?

s'imposa aixecar el vol i les grenyes
abanderar els somnis de la pau
robada i renegar de la memòria

corrompuda d'endenyades vergonyes
saltar límits i abandonar el cau
per a escriure una nova i llarga història

PIES PARA QUÉ OS QUIERO

las venas desgajadas del mañana
manan como el arrabio al rojo ardiendo
inundando en vano la tierra llana
volviendo en piedra los sueños del viento

¿dónde están aceite y pan prometidos
el agua límpida y el alimento
por el corte de la guadaña heridos
que piedra vierte el aliento del joven?

se impone levantar alas y greñas
abanderar los sueños de la paz
robada y renegar de la memoria

corrompida de contaminadas brechas
saltar topes y dejar hogar
para escribir nueva y larga historia

HE VINGUT

els meus ulls
són dos ulls d'un riu subterrani
que somnia amb irisar el cel

els meus llavis
són els llavis d'un volcà rabiüt
que jura revenja de somnolència

el meu cos
és el cos d'un príncep encantat
quan els besos de la seua princesa salvadora
són dos cèntims d'espera

la meua vida
és el clam que anuncia el gall a trenc d'alba

he vingut a veure
i m'hi he quedat una estona

HE VENIDO

mis ojos
son los ojos de un río subterráneo
que sueña con irisar el cielo

mis labios
son los labios de un volcán rabioso
que jura vengar su somnolencia

mi cuerpo
es el cuerpo de un príncipe encantado
cuando los besos de su princesa salvadora
son dos céntimos de espera

mi vida
es el claror que anuncia el gallo al alba

he venido a ver
y me he quedado un rato

ÈXODE

va marxar
fins a segellar un espai amb els llavis
un espai que fora platja
amb sospirs bromerosos que inciten al naufragi
un espai que fora redós
quan la lluna plora la seua tendror d'aiguatge
un espai que fora el passerell de lèsbia
abandonat
cercant abric sota la pluja

va marxar sense paisatge en la mirada
a les palpentes i sense vents
com una nau sense remers
després va ordenar als seus peus
seguir el llum de la trobada
cànter del desig

va marxar no sempre per camins
normatius
va trampejar en el joc
va enganyar als seus amics
va mentir al seu gos
va vendre el silenci dels seus amors
tot allò que vol dir viure / sobreviure

no va ser un sant
                la veritat
la seua recerca va ser maldestra
i sense brides

va marxar adreçant lliscades
per esdevenir vall verda sàvia
i fresca en licors
un formós boàs
amb un gran dol entre les cames
enclusa que canta la mort

i en braços de la sirena va acabar la seua doma
fet nou enkidu en les platges de gilgameix
i al fons del doble caixer de codony
cau del plaer i de la saviesa
és on va ofegar el seu camí

va marxar
i el seu botí va ser un sac d'arena

fins que un dia
desgastats els seus passos
va comprendre la gran fal·làcia de la seua existència
de l'existència
i va escriure
que havia segellat un espai amb els seus llavis
i va començar a somriure als amics
al seu gos
a la seua estimada
i a presumir del seu triomf en la vida
mentre escrivia
                    la travessia de l'èxode

ÉXODO

se fue
hasta sellar un espacio con los labios
un espacio que fuera playa
con suspiros incitando al naufragio
un espacio que fuera regazo
cuando la luna llora su ternura de rocío
que fuera el gorrión de lesbia
abandonado
buscando cobijo bajo la lluvia

se fue sin paisaje en la mirada
a tientas y sin vientos
como una nave sin remeros
después mandó a sus pies
seguir la luz del encuentro
cántaro del deseo

se fue no siempre por caminos
normativos
trampeó en el juego
engañó a sus amigos
mintió a su perro
vendió el silencio de sus amores
todo aquello que significa vivir / sobrevivir

no fue un santo
                la verdad
su búsqueda fue torpe
y sin bridas

se fue enderezando sus deslices
y se volvió valle verde sabio
y fresco en licores
hermoso como un torazo
con un gran luto entre las piernas
yunque que canta la muerte

y en brazos de la sirena acabó su doma
hecho un nuevo enkidu en las playas de gilgamesh
y en el fondo del doble cauce de membrillo
madriguera del placer y de la sabiduría
ahogó su camino

se fue
y su botín fue un saco de arena

hasta que un día
desgastados ya sus pasos
comprendió la gran falacia de su existencia
de la existencia
y escribió
que había sellado un espacio con sus labios
y comenzó a sonreír a sus amigos
a su perro
a su amada
y a alardear de su triunfo en la vida
mientras escribía
                    la travesía del éxodo

POETA DE MERDA

vinc a parlar de tu poeta de merda
que et refugies adolorit del món
com un refilar als braços sangonosos de l'arç
en les paraules a les quals serveixes

t'agradaria que el llenguatge s'humitejara
quan plores pels teus morts
que el teu parlar fora la carn esclatada
d'un xiquet ardent en retalls de metralla
ho va escriure cernuda luis
                              morir és dur
però no poder morir si tot mor
potser és més dur
                        potser?
i haver de sentir-te víctima acovardida
i al poc temps ser
la suor compassada de l'amor
quan esvara la vesprada encesa d'almesc

vinc a parlar de tu
que et fa mal el tumor gangrenat del proïsme
i et declares poeta a la seua costa

qui permet l'existència de poetes
salvadors?

sobren messies per a un viatge
que no hauria de ser més que de verbs
sincers
      sense principi
               sense destí
mots engalanats amb el midó de la mort
ets un fals
només un màgic de les paraules

POETA DE MIERDA

vengo a hablar de ti poeta de mierda
que te refugias dolido del mundo
como un trino en los brazos sangrientos del espino
en las palabras a las que sirves

quisieras que el lenguaje se humedeciera
cuando lloras por tus muertos
que tu hablar fuera la carne estallada
de un niño ardiendo en retales de metralla
lo escribió cernuda luis
                                morir es duro
mas no poder morir si todo muere
es más duro quizá
                        ¿quizá?
y haber de sentirte víctima acobardada
y al poco tiempo ser
el sudor acompasado del amor
cuando resbala la tarde encendida de almizcle

vengo a hablar de ti
que te duele el tumor agangrenado del prójimo
y te declaras poeta a su costa

¿quién permite la existencia de poetas
salvadores?

sobran mesías para un viaje
que no debiera ser más que de verbos
sinceros
      sin principio
            sin destino
palabras engalanadas con el almidón de la muerte
eres un falso
tan solo un mago de las palabras

CERIMÒNIA DEL DESCONSOL

compre els bitllets de dos trens
hi puge
els dos trens glateixen desbocats cara a cara
a la velocitat del foc
em veig venir de cara i amide el gaudi
    com als problemes d'aritmètica del col·legi
      quan el mugit de ferros per al túmul era imminent
      i havíem de calcular el moment del plof

en plena cerimònia del desconsol

però em travesse i res no ocorre

una altra vegada el desig passa de llarg

propera estació
        l'ermàs que dorm rere l'espill
sitja dels somnis sense resoldre

CEREMONIA DEL DESCONSUELO

compro los billetes de dos trenes
subo
los dos trenes palpitan desbocados cara a cara
a la velocidad del fuego
me veo venir de cara y mido el gozo
    como en los problemas de aritmética del colegio
    cuando el mugido de hierros para el túmulo era inminente
    y debíamos calcular el momento del plaf

en plena ceremonia del desconsuelo

pero me atravieso y nada ocurre

otra vez el deseo pasó de largo

próxima estación
        el yermo que duerme tras el espejo
silo de los sueños sin resolver

TRANSDUCCIÓ DE LA ULISSEA

a on és ítaca a on?
com de gojós fora navegar cercant un cos
la terra recent ploguda
que la distància anuncia en l'aire
saber que en algun lloc
potser ni real
un àtom d'espai o de temps
un record
encara que siga un oblit
em pertany

però avui sé que el temps i l'espai
són immesurables
i la memòria
                per tant
                        una perplexitat

què no serà el futur?
sense ítaca potser no siga mai

TRANSDUCCIÓN DE LA ULISEA

¿adónde ítaca adónde?
qué gozoso fuera navegar buscando un cuerpo
la tierra recién llovida
que la distancia anuncia en el aire
saber que en algún lugar
tal vez ni real
un átomo de espacio o tiempo
un recuerdo
aunque sea un olvido
me pertenece

pero hoy sé que el tiempo y el espacio
son inmensurables
y la memoria
                por tanto
                        una perplejidad

¿qué no será el futuro?
sin ítaca quizá no sea nunca

UNA PARADA AL BULEVARD

de vegades
el bulevard és una trobada amb la xerrada
la paraula fosca de l'exiliat
que en cada núvol veu la seua pàtria
com el baló d'un xiquet rere el filat espinós
el vi brut i despentinat d'un vagabund
abandonat pel diàleg
en saber que ningú no assumiria el seu fracàs
i ara
compta i recompta
com es lliura la vida a un banc
i a un diari

hi ha un ingenu de pas llarg i breu temps
sempre perseguint l'hora
a penes amb un balboteig mínim
perquè arriba tard a enlloc
                              digues-li utopia
hi ha el músic que va vendre el faristol
la guitarra i les palmes
quan el foragitaren del metro
o assolaren el cantó
i li cremaren les solfes
        eixa carretera de formigues
        amb la música en la memòria
hi ha també algú com jo que tampoc xerra
escolta
        paga la pena contestar?
escolta i escriu
però pocs l'escolten
                    pocs l'entenen

de vegades
en el bulevard ningú parla ningú escolta
és un silenci lent i verd
embeinat per la fugacitat dels cotxes
i tanmateix
la xerrada dels perdedors sense nom
goteja sota les copes dels arbres
i ens sadolla d'esperança

UNA PARADA EN EL BULEVAR

a veces
el bulevar es un encuentro con la charla
la palabra oscura del exiliado
que en cada nube ve a su patria
como el balón de un niño tras la alambrada
el vino sucio y despeinado de un vagabundo
que abandonó el diálogo
cuando supo que nadie asumiría su fracaso
y ahora
cuenta y recuenta
cómo se entrega la vida a un banco
y a un periódico

hay un ingenuo de paso largo y breve tiempo
siembre buscando saber la hora
apenas con un balbuceo mínimo
porque llega tarde a ninguna parte
                              dile utopía
hay un gran músico que vendió su atril
su guitarra y las palmas
cuando le echaron del metro
o le asolaron su esquina
y le quemaron sus solfas
        esa carrera de hormigas
        con la música en la memoria
hay alguien como yo que tampoco charla
escucha
        ¿vale la pena contestar?
escucha y escribe
pero pocos le oyen
                    pocos le entienden

a veces
en el bulevar nadie habla nadie escucha
es un silencio lento y verde
envainado por la fugacidad de los coches
que le vencen y condenan al reposo
y sin embargo
la charla de los perdedores sin nombre
gotea bajo las copas de los árboles
y nos empapa de esperanza

TEOREMA VELOÇ

la velocitat mai no acaba de ser certa
sobretot si al temps li sumem
la urgència per l'arribada
i llavors l'espai és una mar de mercuri
que es contrau o es dilata proporcionalment
a l'ànsia de ser-hi
cama sobre cama
aturat al límit del repòs

poc importa si anem o venim
poc importa si l'alè de l'avió sosté
la nostra carrera sense fons
si ens porta el tren el cotxe o el tròlei
de crinera desgrenyada sota el galop de la catenària

importa el desig
aqueix altre home
que només nosaltres veiem
caminant deu metres per davant i
malgrat tot sempre aplega tard a port i
si hi aplega el port és un altre o ja no existeix

importa
el desig d'enterrar l'arribada incerta
d'allò que encara palpita
més enllà del paisatge
de les nostres mans
dels nostres llavis
ventoses assedegades del futur

TEOREMA VELOZ

la velocidad nunca acaba de ser cierta
sobre todo si al tiempo le sumamos
la avidez de la llegada
y entonces el espacio es un mar de mercurio
que se contrae o dilata proporcionalmente
al ansia de estar ya
pierna sobre pierna
parados en el límite del reposo

poco importa si vamos o venimos
poco importa si el aliento del avión sostiene
nuestra carrera sin fondo
si nos lleva el tren el coche o el trole
de crin desgreñada bajo el galope de la catenaria

importa el deseo
ese otro hombre
que solamente vemos nosotros
caminando diez metros por delante y
a pesar de ello siempre llega tarde a puerto y
si llega el puerto ya es de otro o ya no existe

importa
el deseo de enterrar la llegada incierta
de aquello que aún palpita
más allá del paisaje
de nuestras manos
de nuestros labios
ventosas sedientas del futuro

OCTAVA DELS VENTS PER L'ENDEMÀ

aquest abril lletós d'algues estranyes
em nodreix la set d'emmagatzemar
els vents i concentrar-los com muntanyes
reunir-los en sitges sobre la mar
i amb l'estiu lliurar-los a caminar
sense fre com les grenyes de les canyes
en l'abisme que aguaita des del vol
un desig amarat pel desconsol

OCTAVA DE LOS VIENTOS PARA EL MAÑANA

este abril lechoso de ovas extrañas
me alimenta la sed de almacenar
vientos y concentrarlos en montañas
reunirlos en graneros sobre el mar
y con el estío darlos a andar
sin el freno arbolado de las cañas
al abismo que acecha desde el vuelo
el deseo ahogado en el desconsuelo

FUNDACIÓ

no hi ha llum més enllà dels marcs
marcials i closos de difuntes perspectives
de les portes les finestres les claraboies
el sol cega la crosta oval de l'atmosfera
com una nit d'estels negres morta en vida
i claudiquen els arbres les platges
a una llum que no hi és en l'aire

dins ell i ella encenen els murs agresolats
de les portes les finestres les claraboies
i un llenguatge primitiu recentment aprés
posa nom al món que és nou i s'inventa
cambra la nostra cambra
llit el nostre llit
vànova la nostra vànova
fundació

abans hem estat catedral de llum tu i jo
quan ja érem pronoms
            ¡qué alegría más alta
            vivir en los pronombres!
com diu pedro salinas
i
    no en tinc constància
d'altres d'existència presumides
també hem estimat a bandera oberta
sense fronteres ni reixes
mentre apreníem tractats de ciència amatòria

però ara són ells els que cancel·len la llum
perquè la llum són ells
i s'estalvien la realitat
perquè la realitat també són ells
el futur són ells

res no paga la pena de ser viscut
com eixa nova llum fundadora
no hi ha més llum són la llum
i estan en possessió de les paraules
que escriuen l'únic llibre possible
viure en la llum ser la llum
i engegar la nova fundació de l'univers

FUNDACIÓN

no hay luz más allá de los marcos
marciales y cerrados de difuntas perspectivas
de las puertas las ventanas las claraboyas
el sol ciega la costra oval de la atmósfera
como una noche de estrellas negras muerta en vida
y claudican los árboles las playas
a una luz que no está en el aire

dentro de él y ella encienden los muros acrisolados
de las puertas las ventanas las claraboyas
y un lenguaje primitivo recién aprendido
pone nombre al mundo que es nuevo y se inventa
habitación nuestra habitación
cama nuestra cama
sábana nuestra sábana
fundación

antes hemos sido catedral de luz tú y yo
cuando ya éramos pronombres
     ¡qué alegría más alta
     vivir en los pronombres!
como dice pedro salinas
y
   no tengo constancia
de otras existencias presumidas
también hemos amado a bandera abierta
sin fronteras ni rejas
mientras aprendían tratados de ciencia amatoria

pero ahora son ellos los que cancelan la luz
porque la luz son ellos
y se ahorran la realidad
porque la realidad son ellos
el futuro son ellos

nada vale la pena de ser vivido
como esa nueva luz fundadora
no hay más luz son la luz
y están en posesión de las palabras
que escriben el único libro posible
vivir en la luz ser la luz
y encender la nueva fundación del universo

CERQUEU-ME EN LES METÀFORES

el que diuen aquests versos de mi
el que aquestes paraules emmascaren
i entre nusos i ralls falsos acaren
és espill de mentides contra mi

només en la metàfora glateix
viu i s'anuncia la veritat
quan la imatge cerca la realitat
allà on les teles de l'aire són eix

i no pas en la mirada innocent
de les coses les paraules menteixen
però no la retòrica magritte

rené alça el pinzell i diu docent
«açò no és una pipa» i que es queixen
els que no em sàpiguen veure amagrit

BUSCADME EN LAS METÁFORAS

lo que afirman estos versos de mí
y lo que estas palabras enmascaran
y en nudos y redes falsos encaran
es espejo de farsas contra mí

pues tan solo en la metáfora late
vívido y se divulga en la verdad
cuando la imagen busca realidad
donde las telas del aire son eje

y no en la contemplación inocente
de los objetos las palabras mienten
pero no la retórica rené

magritte levanta su pincel docente
«esto no es una pipa» que se quejen
los que no sepan verme sin mi fe

sojorn a l'arxipèlag

estancia en el archipiélago

SET DE FERRO

fonda és la set que em beu el gest
i em tortura fonda
com un llac a la lluna
ancorat al fons de les algues
fonda i desèrtica
set obscura
i sense repòs mordaç
no esponja ni copa de licor
sang com la ferida d'un germà
ferro cert del pecat

SED DE HIERRO

honda es la sed que me bebe el gesto
y me tortura honda
como un lago en la luna
anclado en el fondo de las algas
honda y desértica
sed oscura
y sin reposo mordaz
no esponja ni copa de licor
sangre como la herida de un hermano
hierro certero del pecado

VALÈNCIA DE LLUNES

vaig aplegar a valència ciutat
ciutat que és riu sembrat de pupil·les
hi vaig aturar un temps el meu camí
hi vaig ésser

he vist mig assolar barris
he vist sepultar una llengua
he vist aixecar enginyeria pornogràfica
he vist beatificar la cansalada rància del folklore
he vist un poble
                que s'avergonyeix del que és
diguem que és mor per ser valladolid

ara
he partit
        per saber
de l'enyorança
lluna clara

VALENCIA DE LUNAS

llegué a valencia ciudad
que es río sembrado de pupilas
allí detuve un tiempo mi camino
en ella fui

he visto medio asolar barrios
he visto sepultar una lengua
he visto levantar ingeniería pornográfica
he visto beatificar el saín rancio del folklore
he visto un pueblo
                    que se avergüenza de lo que es
digamos que muere por ser valladolid

ahora
he partido
        para saber
de la añoranza
luna clara

LECTURA

arribes món amb el teu alè savi
i et sembre en la meua ment
i et palpe i et grapege i et poseïsc
i t'escup en l'aire
que de vegades és paper
i llavors sé que no conec de tu
més enllà de les paraules
una lectura del coneixement

LECTURA

llegas mundo con tu aliento sabio
y te siembro en mi mente
y te palpo y sobo y poseo
y te escupo en el aire
que a veces es papel
y entonces sé que no conozco de ti
más allá de las palabras
una lectura del conocimiento

A LA VORA

és veritat que el perill aguaita
en cada mirada gest llavi
que la cara embossada de llum
pot retallar-se com una ombra xinesa
i allunyar-se del seu cant
com un riu de mercuri en el desert

però viure sense l'ullal als talons
sense la fugacitat guaitant en cada pètal
fora el càncer del tedi que consumeix els ciris
i extingeix la claror

amb els meus passos de present cusc la vida
sobre el filament incandescent del desig
i en cada espira un llop

AL BORDE

es verdad que el peligro acecha
en cada mirada gesto labio
que la cara embozada de la luz
puede recortarte como una sombra chinesca
y alejarte de tu canto
como un río de mercurio en el desierto

pero vivir sin el colmillo en los talones
sin la fugacidad asomándose en cada pétalo
sería el cáncer del tedio que consume las velas
y extingue el claror

con mis pasos de presente coso la vida
sobre el filamento incandescente del deseo
y en cada espira un lobo

CARTA A VICENTE ALEIXANDRE

poeta

tens raó quan dius que la gola goleja golejant golada-ment i no
són claus
és l'hòstia oferta en el ritual de la vida
un disc que seca la saliva com l'espurna cromada d'una espasa
cada vegada més densa i apagada fins que s'extingeix tèbia i
roja
és una paraula ancorada en el paladar del món alerta al glatir
de l'aire que la ignora i la crida
no són pas claus vicente no
no hams d'engany acerat
no llaços amb trampa d'espart asfixiant
són el pa beneït que uneix el món en la seua soledat compartida
el vagit feble que em puja per les cordes de la parla i esdevé
torre
crinera de marbres
galop
i en l'hòstia vicente hi estic i em va la vida

que les meues paraules siguen un poema com una abraçada

CARTA A VICENTE ALEIXANDRE

poeta

llevas razón cuando dices que la garganta gargariza gargarizando
gárgara-mente y no son clavos
es la hostia ofrecida en el ritual de la vida
un disco que seca la saliva como la centella cromada de una
espada cada vez más densa y apagada hasta que se extingue
tibia y roja
es una palabra anclada en el paladar del mundo atenta al latir
del aire que la ignora y la está llamando
no son clavos vicente no
no anzuelos de engaño acerado
no lazos con trampa de esparto asfixiante
son el pan bendito que une al mundo en su soledad compartida
el vagido endeble que me asciende entre las cuerdas de la charla
y se hace torre
crin de mármoles
galope
y en esa hostia vicente estoy yo y me va la vida

que mis palabras sean un poema como un abrazo

HOME GRIS

arriba a ciutat i cerca
un alvèol on oblidar el cotxe
els carrers confidents de rutina
el perboquen a la taula de treball
    afil·la els llapis
      enganxa els segells com escuts sense noblesa
      i exercita el somriure amb el seu cap
dos o tres tràmits suen el pa del fills
que no té

final de la jornada

sa casa allà lluny
és una plantofa amb sonates de mozart
que badalla la seua arribada
ningú no l'espera
      la seua esposa
      només el trau al parc els diumenges

gairebé a la fi
abans de la carn del desencant
un flexo li recorda els titulars
d'una altre dia sense viatge

sonen els acords de l'home gris

HOMBRE GRIS

llega a ciudad y busca
un alveolo en donde olvidar el coche
las calles confidentes de rutina
le vomitan en la mesa de trabajo
    afila los lápices
      pega los sellos como escudos sin nobleza
      y ejercita su inclinada sonrisa con su jefe
dos o tres trámites sudan el pan de los hijos
que no tiene

fin de la jornada

su casa a lo lejos
es una zapatilla con sonatas de mozart
que bosteza su llegada
nadie le espera
    su esposa
    solo le lleva al parque los domingos

casi por fin
antes de la carne del desencanto
un flexo le recuerda los titulares
de otro día sin viaje

suenan los acordes del hombre gris

TELÓ / CINEMA NEGRE

un cadàver retalla l'arena
i és un pensament fosc
que assaja un crit opac

els alfanges de canella de les dunes
dallen la nit
que s'eleva fins la mamella de llum de la lluna

un fanal llunyà pica l'ullet
mentre la carn segueix inert
entre els rius del foc del crim

el cabdal d'un bou negre
es buida en la gola d'un saxo
com un punyal de cocaïna

cau el teló
                silenci
el públic cau assassinat

TELÓN / CINE NEGRO

un cadáver recorta la arena
y es un pensamiento oscuro
que ensaya un grito opaco

los alfanjes de canela de las dunas
guadañan la noche
que se eleva hasta el seno de luz de la luna

un farol lejano lanza guiños
mientras la carne sigue inerte
entre los ríos del fuego del crimen

el caudal de un toro negro
se vacía en la garganta de un saxo
como un puñal de cocaína

cae el telón
                silencio
el público cae asesinado

CARTA A STEPHEN W HAWKING

els daus de déu sempre cauen d'aresta i per això nosaltres
inventem magnituds i dimensions que il·luminen la jugada del
món
una única partida sense fi amb fitxes minvants de cera ai faetó!
que s'arrosseguen i s'encuirassen i cedeixen i deixen escapar el
perfum de la rosa quan destil·la la seua mort

de res no serveixen el daus si amaguen una lectura
si amaguen el braç que els llança i l'alè que els ordena
de res no serveix un déu que no siga infinitament reciclable en
aquest món en el qual res no es doblega a l'oblit
de res no serveix un déu que tem al món en saber que aquest
se l'engoliria

ai déu! pobre i miserable déu
déu ximplet que ha inventat un joc en el qual no hi pot
participar per no esvair-se

aquest món nostre no és el de déu i tot el que hi ocorre és una
fletxa sense arquer i sense diana

CARTA A STEPHEN W HAWKING

los dados de dios siempre caen de canto y por eso nosotros
inventamos magnitudes y dimensiones que iluminen la jugada
del mundo
una única partida sin fin con fichas menguantes de cera que
se arrastran y se acorazan y ceden y dejan escapar el perfume
de la rosa cuando esta destila su muerte

de nada sirven los dados si esconden su lectura si esconden el
brazo que los lanza y el aliento que los ordena
de nada sirve un dios que no sea infinitamente reciclable en
este mundo en que nada doblega al olvido
de nada sirve un dios que tema al mundo al saber que este lo
engulliría

¡ay dios! pobre y miserable dios
dios tontorrón que ha inventado un juego en el que no puede
participar para no desvanecerse

este mundo nuestro no es el de dios y todo lo que en él sucede
es una saeta sin arquero y sin diana

IN THE DARK

I'm just tired and bored with myself [...]
Even if we're just dancin' in the dark.

BRUCE SPRINGSTEEN, *DANCING IN THE DARK*

la nit amaga el desert
quan la ciutat és un fanal de metralla
que tentineja la seua incandescència
i m'esquita com un arpó de neu
i em deixe emportar per un camí anunciat
de neons gargotejats
que em xopen la mirada
i l'enterboleixen de cada mot amb gintònic

la nit m'ofereix el seu glatir arrítmic
ampli compartit
com una fogassa familiar entre germans
i als teus llavis veig glatir
el peix del desig
un somni
        que no serà
quan el sol rebente

la nit és el raïm dolç i negre
que alleta la promesa del viatge
únic
      cap al centre de la llum
res no és tan clar com la nit

en la nit
amb la tinta de la nit
s'escriuen el poemes que parlen
com la capa espessa dels boscos
de secrets
   que són versos revelats

IN THE DARK

I'm just tired and bored with myself [...]
Even if we're just dancin' in the dark.

BRUCE SPRINGSTEEN, *DANCING IN THE DARK*

la noche esconde el desierto
cuando la ciudad es un farol de metralla
que tintinea su incandescencia
y me salpica con su arpón de nieve
y me dejo llevar por un camino anunciado
de neones garabateados
que me empapan la mirada
y la enturbian a cada palabra con gin-tonic

la noche me ofrece su latido arrítmico
amplio compartido
como una hogaza familiar entre hermanos
y en tus labios veo palpitar
el pez del deseo
un sueño
          que no será
cuando el sol reviente

la noche es la uva dulce y negra
que amamanta la promesa del viaje
único
          hacia el centro de la luz
nada es tan claro como la noche

en la noche
con la tinta de la noche
se escriben los poemas que hablan
como la capa espesa de los bosques
de secretos
        que son versos revelados

FOC AL CELLER

la brúixola ancora el timó als estels
i en la cabellera del plaer crema
el gibrell captivat per la carena
on la cova jau entre vels i tels

aleshores venables en carn viva
eixamplen el laberint del desig
enfilen la drecera pel bell mig
i encenen de rius la rosa captiva

dos torrents de cuixam tiben les cordes
que sirguen vers la rebava del cau
i avancen un camp de pits i palmeres

on deixar-se negar entre somortes
braçades desestibada la nau
eixut el rem baixades les banderes

FUEGO EN LA BODEGA

la brújula ancla el mando a las estrellas
y en la cabellera del placer quema
la tina cautivada por la cresta
donde la cueva reposa entre telas

entonces venablos en carne viva
hinchan el laberinto del deseo
enfilan el atajo por el medio
y encienden ríos de rosa cautiva

dos torrentes de muslos tensan cuerdas
que sirgan hacia el filván del cubil
y adelantan luz pechos y palmeras

donde dejarse anegar entre muertas
brazadas desestibado el bajel
seco el remo bajadas las banderas

ARCÀDIA AMB XOCOLATA

per a carla e., que va encendre el dia

el matí il·lumina la cuina amb el ventall de la màgia
i retalla el mobiliari de presències i de racons
la mare arrossega els llençols d'una son enganxada
entre flassades toves i lleons rampants
a les pestanyes mentre fa la xocolata a la xiqueta
tot dibuixant l'amagada flama que ja s'entebeeix

de sobte l'atmosfera s'omple de magdalenes i somriures
la criatura
           enceses de bresquilla les galtes de la innocència
farfalleja atropellada el conte dels tres porquets
que eren tres i tenien tres cases i tres tarannàs
i un llop udolant d'ullals carnissers

això era i no era

la xiqueta vesa escarafalls de manetes i rínxols d'oli
per combatre amb carasses el ferotge sutge d'urpes
que l'ombra eixampla sobre els murs i els prestatges
auuu!

entre galetes encunyades de monstres benèvols
s'edifiquen les casetes de la desfeta i un búnquer
que amaga un *happy end* segur com la mà del pare
que encara dorm estiregassant llunes i cuixes
entre les vànoves que perfumen el solatge
de la singladura solcada entre tigres a boqueta veu
que la xiqueta dorm
auuu!

els ullals d'un núvol pinten d'arestes perilloses
i d'ombres ferotges la cambra el conte i els somriures
i auuu per tercera vegada

però s'instal·la de bell nou la claror fetal de la calma
i entre bocades *clownesques* de xocolata
un sol de cervesa i rialles salva *in extremis* els porquets
tot just quan el vol de campanes de la culidereta
escura les pansides molles ressagades en el fons de la tassa
brandant la dringadissa de la porcellana
que refila sobre l'eco del fal·lus petrificat
d'una església que es nega a pertànyer a cap estil

són les deu del matí i la xiqueta ha encetat el dia

ARCADIA CON CHOCOLATE

para carla e., que encendió el día

la mañana ilumina la cocina con el abanico de la magia
y recorta el mobiliario de presencias y de rincones
la madre arrastra las sábanas de un sueño enganchado
entre frazadas mullidas y leones rampantes
en las pestañas mientras prepara el chocolate a la niña
dibujando la escondida llama que ya entibia

de golpe la atmósfera se llena de magdalenas y sonrisas
la criatura
        encendidas de melocotón las mejillas de la inocencia
barbotea atropellada el cuento de los tres cerditos
que eran tres y tenían tres casas y tres talantes
y un lobo ululante de colmillos carniceros

érase una vez

la niña vierte aspavientos de manitas y rizos de aceite
para combatir con morisquetas el feroz hedor de garras
que la sombra ensancha sobre los muros y las estanterías
auuu!

entre galletas acuñadas de monstruos benévolos
se edifican las casitas del desconcierto y un búnker
que esconde un *happy end* seguro como la mano del padre
que aún duerme estirando lunas y muslos
entre sábanas que perfuman el poso
de la singladura surcada entre tigres en voz baja
que la niña duerme
auuu!

los colmillos de una nube pintan de aristas peligrosas
y de sombras feroces la habitación y el cuento y las sonrisas
y auuu por tercera vez

pero se instala de nuevo el claror fetal de la calma
y entre bocanadas *clownescas* de chocolate
un sol de cerveza y risas salva *in extremis* a los cerditos
justo cuando el vuelo de campanas de la cucharita
rebaña las mustias migas rezagadas en el fondo de la taza
blandiendo el tintineo de la porcelana
que trina sobre el eco del falo petrificado
de una iglesia que se niega a pertenecer a ningún estilo

son las diez de la mañana y la niña ha abierto el día

FALS MERCAT MEDIEVAL

la xitxarra estrident d'un altaveu
turístic dalla un cingle de quietud
petrificada
       núvols de mosquits
i d'ales que són fletxes o pardals
cabdellen la cerimònia fúnebre
de la vida que s'esmuny a revols

un hostaler s'esforça a restaurar
les festes els castells i les croades
com somnis de préstec empeltats d'avis
que mai bressolaren tendres infàncies
mentre les muntanyes despentinades
observen glaçades el decorat
que aixeca seqüències de cartó
rialler i content entre les pedres
que sí han viscut el temps entre brams
sincers assedegats d'ampla nostàlgia

la ciutat torna a cobrar un missatge
de vida que s'estén falsificada
els dies assenyalats mentre
s'omple d'oficis i parades plenes
d'atifells i joguines sense cuines
ni xiquets que coneguen els secrets
que les feren ben adés necessàries

el foraster que amida les llambordes
ho és només perquè ha aplegat més tard
tothom ha varat la nau en algun
temps ja remot i aixeca dinasties
d'heràldica sense generacions

de sobte
    esclata
        un niu de rialles tendres
que embolcalla el plató de cel·lofana
i bateja l'escenari de glòria
mentre una pluja encesa de cridòries
amera els cantons de la vila rossa
i banya els murs d'una aigua que neteja
la pellofa i encén els carrers
d'una llum nova i de nova estrella

FALSO MERCADO MEDIEVAL

la chicharra estridente de un altavoz
turístico corta un risco de quietud
petrificado
            nubes de mosquitos
y de alas que son flechas o pájaros
devanan la ceremonia fúnebre
de la vida que se escurre en revuelos

un hotelero se esfuerza en restaurar
las fiestas los castillos y las cruzadas
como sueños prestados injertados de abuelos
que nunca acunaron tiernas infancias
mientras las montañas despeinadas
observan heladas el decorado
que levanta secuencias de cartón
risible y contento entre las piedras
que sí que han vivido el tiempo entre bramidos
sinceros sedientos de ancha nostalgia

la ciudad vuelve a cobrar un mensaje
de vida que se extiende falsificada
los días señalados mientras
se llena de oficios y puestos llenos
de artilugios y juguetes sin cocinas
ni niños que conozcan sus secretos
que fueron hace tiempo necesarios

el forastero que mide los adoquines
lo es tan solo porque ha llegado más tarde
todos han varado la nave en algún
tiempo ya remoto y levantan dinastías
de heráldica sin generaciones

de súbito
      estalla
            un nido de risas tiernas
que envuelve el plató de celofán
y bautiza el escenario de gloria
mientras una lluvia encendida de griterío
amara las esquinas de la ciudad rubia
y moja los muros de un agua que limpia
la cascarilla y enciende las calles
de una luz nueva y de nueva estrella

descans d'ulisses

descanso de ulises

HE SABUT

he sabut dels teus llavis
amb el cérvol encès del somriure
assegador del desig sense retorn
com un salt d'au a l'abisme
amb les ales lligades
i la pigota letal del plom encastada

he sabut de l'ull del sol en cascada
de llum i de cabells

sé que t'estime
desbocat al galop del temps que s'esmuny
i per això
tremole en el silent espai del present

sabràs que t'he buscat i
serà veritat
per a saber més dels teus llavis
parany adreçat amb filferro de cirera

HE SABIDO

he sabido de tus labios
con el ciervo encendido de la sonrisa
azagador del deseo sin retorno
como un salto de ave en el abismo
con las alas atadas
y el sarampión letal del plomo encastado

he sabido del ojo del sol en catarata
de luz y de cabellos

sé que te amo
desbocado el galope del tiempo que se escurre
y por eso
tiemblo en el silente espacio del presente

sabrás que te anduve buscando y
        será verdad
para saber más de tus labios
engaño aderezado con alambre de cereza

BES CAP A ZOCODOVER

Fairy tales can come true
It can happen to you
If you're young at heart.

FRANK SINATRA, «YOUNG HEART»,
INTERPRETADA PER CAROLYN LEIGH

els teus llavis foren breus i esvalotats
com l'escriptura fugaç del raig
carrers toledans de pedres retorçudes
cal·ligrafia d'un bes cap a zocodover
rabiüt entre els xiribecs de les reixes
el cor jove dic jo
savi en nèctars

després
l'ona expansiva del bes fou plaça i és planícia

BESO HACIA ZOCODOVER

Fairy tales can come true
It can happen to you
If you're young at heart.

FRANK SINATRA, «YOUNG HEART»,
INTERPRETADA POR CAROLYN LEIGH

tus labios fueron breves y alborozados
como la escritura del rayo en el cielo
calles toledanas de piedras retorcidas
caligrafía de un beso hacia zocodover
rabioso entre los garabatos de las rejas
el corazón joven digo yo
sabio en néctares

después
la onda expansiva del beso fue plaza y es planicie

IBIS D'ACER

Mi guarda e mi reduce
a una cosa inofensiva.

GIOVANNI BURALI D'AREZZO, *IL CAMPO DEGLE AMERICANI*

els teus ulls són dos ibis d'acer sobre el nil
i el teu cabdal inesgotable
s'ajaça silent com el balanceig de la palma

mira'm eixamplada com la cobra
i jau al meu costat
en aquest ocàs mil·lenari

IBIS DE ACERO

Mi guarda e mi reduce
a una cosa inofensiva.

GIOVANNI BURALI D'AREZZO, *IL CAMPO DEGLE AMERICANI*

tus ojos son dos ibis de acero sobre el nilo
y tu caudal inagotable
se acuesta silente como el balanceo de la palma

mírame ensanchada como la cobra
y yace a mi lado
en este ocaso milenario

DESCOBRIMENT

creia viure al cim del sol
august fèrtil amb ales d'amiant
creia volar sobre núvols de garses encadenades
no erms secs sí fruit anunciat
i posseïa el poder de la vida
el fil lleuger de l'ésser
però no sabia somniar que tot allò
poguera existir de veritat
i ho tenia a tocar
gairebé ho mastegava

la ceguesa del temps m'ha fet veure
com d'afortunats se'm marceixen el braons
cansats d'un camí que sempre m'ha conduït
al teu desert fèrtil

DESCUBRIMIENTO

creía vivir en la cima del sol
augusto fértil con alas de amianto
creía volar sobre nubes de garzas encadenadas
no yermas secas sí fruto anunciado
y poseía en mí el poder de la vida
el hilo lene del ser
pero no sabía soñar que todo aquello
pudiera existir en verdad
y lo tenía al alcance
casi lo masticaba

la ceguera del tiempo me ha hecho ver
cuán afortunados se me ajan los brazos
cansado de un camino que siempre me ha conducido
a tu desierto fértil

NAVEGACIÓ / ENYOR

em deixe engolir dins del teu or líquid
com un migdia de vi i sàndal
sense ull de bou que filtre
el llavi groc de la teua set

no sé de jardins
ni de platges ni d'aigües
que puga haver
on el teu cos no siga tro i selva i oceà

la vesprada ja és nacre alt i suau
i aplega l'adeu extrem
i baixe al carrer i
m'enfonse en la gent i
m'ofegue en les seues cares sordes
i en l'alenada límit del sobtat enyor

sota la meua llengua perles d'agonia

NAVEGACIÓN / AÑORANZA

me dejo engullir en tu oro plácido
como un atardecer de vino y sándalo
sin ojo de buey que filtre
el labio amarillo de tu sed

no sé de jardines
ni playas ni aguas
que pueda haber
donde tu cuerpo no sea trono y selva y océano

la tarde ya es nácar alto y suave
y llega el adiós extremo
y bajo a la calle y
me hundo en la gente y
me ahogo en sus caras sordas
y en el boqueo límite de la súbita añoranza

bajo la lengua perlas de agonía

ESPERA

quan les llunes es cansen de retallar ombres
sobre els alts murs de la memòria
t'estaré esperant
amb la meua promesa lacrada als llavis
i t'oferiré la meua aigua i el meu pit
i em beuràs fins l'embriaguesa
i en la meua terra tremolosa de mans que et cerquen
sembraràs la teua llavor de cavall desbocat
exprimida amb l'estríjol voraç de l'entrega

ara però les tàpies es desplomen
i les llunes són el pèndol del temps gastat
no hi ha cavall que olore la meua sang en zel
i cride
a on et condueixen els cels?
a on el vent?
a on la nostra trobada serà foc?

ESPERA

cuando las lunas se cansen de recortar sombras
sobre los altos muros de la memoria
te estaré esperando
con mi promesa lacrada en los labios
y te ofreceré mi agua y mi pecho
y me beberás hasta la embriaguez
en mi tierra temblorosa de manos que se buscan
sembrarás tu simiente de caballo desbocado
exprimida con las almohazas voraces de la entrega

pero ya las tapias se desploman
y las lunas son el péndulo del tiempo gastado
no hay caballo que huela mi sangre en celo
y grite
¿adónde te conducen los cielos?
¿adónde el viento?
¿dónde nuestro encuentro será fuego?

METRATGE

aquest poema parla d'una trobada
que fou breu
com una nit de trens foscos
sense res a dir
que no es diguen dos cossos
serpentejant en un vagó-llit ocasional
mirant-se les esquenes perquè es desconeixen
i tement el terror de veure's reflectits
en el ulls estranys de l'altre
i haver de carregar amb la visió d'un rostre
com un nom fals
tota la vida

aquest poema parla d'una trobada
que tal vegada no va ser
però sí una bona pel·lícula

METRAJE

este poema habla de un encuentro
que fue breve
como una noche de trenes oscuros
sin nada que decir
que no se digan dos cuerpos
culebreándose en un vagón-cama-ocasional
mirándose las espaldas porque se desconocen
y temiendo al terror de verse reflejados
en los ojos extraños del otro
y haber de cargar con la visión de un rostro
con nombre falso
toda la vida

este poema habla de un encuentro
que tal vez ni fue
pero sí una buena película

SILENCI

he cercat entre les ones hertzianes
que teixeixen invisibles els sols del cel
entre l'esclat en blanc d'una cantera
de marbres per al record
entre l'algaravia suosa i acalorada
del soc cairota de khan el-khalili
entre tu i jo
el silenci
el portent anunciat de l'absència de sentits
sense escoltar-te ni amb mans ni olors
ni veure el teu sabor de pantera sucosa
quan parlar-nos deuria ser
impossible

però el silenci traspua glòria i campanes
i vol
i ocell
i refilet
i una sola llera al bull flueix loquaç
entre tu i jo
font gojosa de la unió
cara a cara
cos a cos

entre tu i jo el silenci
ensordeix l'univers fins aniquilar-lo
entre tu i jo
            el silenci

SILENCIO

he buscado entre las ondas hertzianas
que tejen invisibles los soles del cielo
entre el estallido en blanco de una cantera
de mármoles para el recuerdo
entre la algarabía sudorosa y acalorada
del zoco cairota de khan el-khalili
entre tú y yo
el silencio
el portento anunciado de la ausencia de sentidos
sin oírte ni con manos ni olores
ni ver tu sabor de pantera jugosa
cuando hablarnos debiera ser
imposible

pero el silencio rezuma gloria y campanas
y vuelo
y pájaro
y trino
y un solo cauce hirviendo fluye locuaz
entre tú y yo
manantial gozoso de la unión
cara a cara
cuerpo a cuerpo

entre tú y yo el silencio
ensordece al universo hasta aniquilarlo
entre tú y yo
                el silencio

AÏLLAMENT

des del portell fins al teu darrer rebost
hi ha una sendera de molsa íntima
que em xiula a l'orella l'amplitud
de les teus platges encara amb tresors
amagats
          com el sol en un dia emboçat

et cride a la porta i em reps
amb els braços de l'alegria
amb les ungles del fulgor
amb el confeti del riure
i entre les teus valls em fas riu de fruita
revelada

quin dolor en partir

ací soc rei del centre de l'animal
centre de llum que forja espases de plaer
en l'ull de l'huracà
soc el mariner que enterra les seues monedes
en la teua arena

AISLAMIENTO

desde el cancel a tu última alacena
hay una vereda de musgo íntimo
que me silba al oído la anchura
de tus playas aún con tesoros
escondidos
            como el sol en un día embozado

llamo a tu puerta y me recibes
con brazos de alegría
con uñas de fulgor
con el confeti de la risa
y entre tus valles me haces río de fruto
revelado

qué dolor será el partir

aquí soy rey del centro del animal
centro de luz que fragua espadas de placer
en el ojo del huracán
soy el marinero que entierra sus monedas
en tu arena

EVA / AVA

i què he de fer si et vaig somniar
com un tirabuixó en negre
entre l'algaravia gitana
si el teu peu nu cosia en l'arena
el camí cap a l'escuma
si el teu aire és
                    són turons de pedra imant
que desarboren el nord del mariner
si en la teua cara veig que em mires
fins el centre de la meua intenció
i em comprens
i em regales un somriure amb les perles de la complicitat
ampla i càlida com les mans d'un pare
càlida i ampla com l'abraçada de l'anaconda

i què he de fer si et vaig somniar meua
i en despertar em vaig ofegar en la duresa
blanca de la pantalla del present
poblada per l'absència dels teus ulls

EVA / AVA

y qué he de hacer si te soñé
como un tirabuzón en negro
entre la algarabía gitana
si tu pie desnudo cosía en la arena
el camino hacia la espuma
si tu aire es
            son colinas de piedra imán
que desarbolan el norte del marinero
si en tu cara veo que me miras
hasta el centro de mi intención
y me comprendes
y me regalas una sonrisa con las perlas de la complicidad
ancha y cálida como las manos de un padre
cálida y ancha como el abrazo de la anaconda

y qué he de hacer si te soñé mía
y al despertar me ahogué en la dureza
blanca de la pantalla del presente
poblada por la ausencia de tus ojos

INGRES DE L'ESPOSA ESTIMADA

després de l'amor
quan el teu cos és un llenç estès
de l'august ingres
quan la calor agredolça del semen
espessa el llençols els mobles el llit
la cambra sencera és un cànter de llum
que inunda dos naus ja sense rems

després de l'amor
retire el pinzell
deslligue el lingot roent de l'abraça
i et retinc
ulls endins

INGRES DE LA ESPOSA AMADA

después del amor
cuando tu cuerpo es un lienzo desnudo
del augusto ingres
cuando el calor agridulce del semen
espesa las sábanas los muebles la cama
la habitación es entera un cántaro de luz
que inunda dos naves ya sin remos

después del amor
retiro el pincel
desato el lingote al rojo del abrazo
y te retengo
ojos adentro

POEMA QUE PARLA CLARAMENT D'AMOR

una algaravia de besos em nia al front
en recordar el regrés a la meua terra al meu hort
al meu arbre encès en diamants ensucrats de fruita
amb braços quilomètrics que protegeixen el meu retorn
que bressolen pau
després de la batalla de suors nuades
i després més pau més blanca amb més llum

quin abisme esdevé la distància mesurada en dies
que són deserts d'hores sense tu
sense la teua ribera a l'abast dels meus llavis

ja hi arribe car el vent m'anuncia l'espera
hi arribe i el meu pit és la maleta trista d'un pallasso
hi arribe no a veure sinó a comprovar
a afirmar-me de tu de nosaltres amb mi
a retrobar-me amb l'aroma del teu cos
en l'espuma de l'alta mar de la nostra navegació
i enfonsar el mascaró al teu oceà d'or
per a naufragar com una balena d'acer blanc
fins la pregària del descans

però el tren és de bell nou una cremallera
que ens obre en canal l'abraçada
i ens allunya i ens tanca en murs aliens
entre els quals òbric les butxaques
i tot s'inunda de la teua fresca selva
fins fer enfollir els ocells que ens beneeixen

POEMA QUE HABLA CLARAMENTE DE AMOR

una algarabía de besos me anida en la frente
al recordar el regreso a mi tierra mi campo
mi árbol encendido en diamantes azucarados de fruta
con brazos kilométricos que protegen mi regreso
que acunan paz
después batalla de sudores anudados
y después más paz más blanca con más luz

qué abismo se vuelve la distancia medida en días
que son desiertos de horas sin ti
sin tu ribera fértil al alcance de mis labios

ya llego pues el aire me anuncia la espera
llego y mi pecho es mi mayor maleta
llego no a ver sino a comprobar
a afirmarme de ti de nosotros y conmigo
a reencontrarme con el aroma de tu cuerpo
en la espuma de alta mar de nuestra navegación
y hundir mi mascarón en tu océano de oro
para naufragar como una ballena de acero al blanco
hasta la plegaria del descanso

pero el tren es de nuevo una cremallera
que nos abre en canal el abrazo
y nos aleja y encierra en paredes ajenas
entre las cuales abro los bolsillos
y todo se inunda de tu fresca selva
hasta enloquecer los pájaros que nos bendicen

estos poemas fueron pergeñados entre marzo de 1987 y junio de 1989 en almassora, salamanca, luxor, alcossebre, parís, benicarló y altea; y en rubielos a principios de 2011, pero fueron escritos y traducidos al castellano en almassora en 2021-2024.

ÍNDICE

fugida cap endavant 8

huida hacia adelante 9

kairós / καιρός 10

kairós / καιρός 11

cames ajudeu-me 12

pies para qué os quiero 13

he vingut 14

he venido 15

èxode 16

éxodo 18

poeta de merda 20

poeta de mierda 22

cerimònia del desconsol 24

ceremonia del desconsuelo 25

transducció de la ulissea 26

transducción de la ulisea 27

una parada al bulevard 28

una parada en el bulevar 30

teorema veloç 32

teorema veloz 33

octava dels vents per l'endemà 34

octava de los vientos para el mañana 35

fundació 36

fundación 38

cerqueu-me en les metàfores 40

buscadme en las metáforas 41

sojorn a l'arxipèlag 42

estancia en el archipiélago 43

set de ferro 44

sed de hierro 45

valència de llunes 46

valencia de lunas 47

lectura 48

lectura 49

a la vora 50

al borde 51

carta a vicente aleixandre 52

carta a vicente aleixandre 53

home gris 54

hombre gris 55

teló / cinema negre 56

telón / cine negro 57

carta a stephen w hawking 58

carta a stephen w hawking 59

in the dark 60

in the dark 62

foc al celler 64

fuego en la bodega 65

arcàdia amb xocolata 66

arcadia con chocolate 68

fals mercat medieval 70

falso mercado medieval 72

descans d'ulisses 74

descanso de ulises 75

he sabut 76

he sabido 77

bes cap a zocodover 78

beso hacia zocodover 79

ibis d'acer 80

ibis de acero 81

descobriment 82

descubrimiento 83

navegació / enyor 84

navegación / añoranza 85

espera 86

espera 87

metratge 88

metraje 89

silenci 90

silencio 91

aïllament 92

aislamiento 93

eva / ava 94

eva / ava 95

ingres de l'esposa estimada 96

ingres de la esposa amada 97

poema que parla clarament d'amor 98

poema que habla claramente de amor 99